AF307727

Charles Darwin

Leseprojekt für die Grundschule (Klasse 3-5)

Jutta Berkenfeld

Jutta Berkenfeld ist Grundschullehrerin und Diplompädagogin. Von ihr sind mehrere Leseprojekte zu berühmten Persönlichkeiten sowie weitere Unterrichtsmaterialien erschienen.

Printed in Germany

Bibliografische Information der Deutschen Nationalbibliothek

Die Deutsche Nationalbibliothek verzeichnet diese Publikation in der Deutschen Nationalbibliografie; detaillierte bibliografische Daten sind im Internet über http://dnb.d-nb.de abrufbar.

Impressum

Überarbeitete Neuauflage 2024

Texte: © Copyright by Jutta Berkenfeld
Umschlag: © Copyright by Jutta Berkenfeld/ Linda Buchholz
Herstellung und Verlag: BoD – Books on Demand, Norderstedt
ISBN: 9783758364174

<u>**Charles Darwin**</u>

INHALT

Vorwort

Vorwort

Charles Darwin gehört zu den bedeutendsten Naturforschern des 19. Jahrhunderts. Als junger Mann nimmt er an einer fünfjährigen Forschungsfahrt auf dem Vermessungsschiff „Beagle" teil. Auf Grund seiner Beobachtungen, vor allem auf den Galapagos-Inseln, schreibt er zahlreiche naturwissenschaftliche Arbeiten. Sein wichtigstes Werk „Die Entstehung der Arten durch natürliche Zuchtwahl" veröffentlicht er nach langem Zögern im Jahre 1859, denn seine Aussagen widersprechen dem biblischen Schöpfungsgedanken. Nach Darwins Theorie überleben nur die Arten, die am besten an einen Lebensraum angepasst sind. Das führt zum Wandel der Arten, Aussterben und Neuentwicklung von Arten, vor allem durch wandelnde Umweltbedingungen. Seine Entwicklungstheorie wird Evolutionstheorie genannt. Diese Theorie war damals revolutionär!

In diesem Leseprojekt bekommen die Schüler viele Informationen über das Leben und Wirken von Charles Darwin. Die Kinder trainieren ihre Lesekompetenz, indem sie sich vielfältig mit den Inhalten auseinandersetzen. Sie trainieren zusätzlich einige Methoden des Lernens. Nebenbei erhalten die Kinder wichtige Informationen zu unterschiedlichen Naturphänomenen, z.B. Vulkane, tropischer Regenwald usw.

<u>Aufgabe für jedes Kapitel</u>:

Lies den Text aufmerksam.

Markiere wichtige Wörter.

Schreibe 3 Informationen mit Hilfe der markierten Wörter in ganzen Sätzen in dein Lesetagebuch.

1. Kapitel: Charles Kindheit

Charles Darwin wird am 12. Februar 1809 in der Kleinstadt Shrewsbury in England geboren. Er ist das fünfte von sechs Kindern. Die Familie ist wohlhabend. Seine Mutter Susannah Darwin stirbt, als Charles acht Jahre alt ist. Das schmerzt ihn sehr. Sein Vater Robert Darwin sieht groß und dick aus. Er ist ein strenger Vater, der schnell zornig wird. Robert Darwin ist ein angesehener Arzt und er wünscht sich, dass Charles ebenfalls Arzt wird. Charles hat jedoch ganz andere Interessen.

Ab 1818 geht er auf ein Internat in Shrewsbury. Obwohl er die ganze Woche in diesem Internat lebt, nutzt er gerne längere Pausen, um nach Hause zu laufen. Charles ist ein guter Läufer und die Schule liegt nicht weit entfernt von seinem Elternhaus. Der Unterricht in der Schule langweilt ihn sehr. Vor allem die alten Sprachen Latein und Griechisch gefallen ihm nicht. Seine Leistungen in der Schule sind nur mittelmäßig. Aber einige Fächer interessieren ihn schon, nämlich Geometrie und die Naturwissenschaften. Gerade in diesen Fächern kann er aber im Internat gar nicht alles lernen, was er wissen will.

In seiner Freizeit widmet er sich ganz der Natur. Am liebsten streift er durch die Gegend und sammelt Steine, tote Käfer, Schmetterlinge und viele andere Dinge. Manchmal geht er auf die Jagd, oder er macht lange Spaziergänge. Er wirkt ein bisschen verträumt, aber er treibt auch ab und zu einmal Unfug. Charles ist beliebt bei seinen Mitschülern, obwohl er gerne Lügengeschichten erzählt, um sie zu beeindrucken. Dem Herrn Papa gefällt es gar nicht, dass sein Sohn Ratten jagt und tote Tiere sammelt. So eine Schande für die Familie!

Sein älterer Bruder Erasmus weiß ganz viel über Chemie und erzählt Charles davon. Die beiden Brüder richten im Geräteschuppen im Garten ein chemisches Labor ein und führen zahlreiche chemische Versuche durch. Das macht Riesenspaß. Daher geben die Klassenkameraden Charles den Spitznamen „Gas".

Charles hatte seinen Großvater nie kennen gelernt, denn Erasmus Darwin starb bereits sieben Jahre vor seiner Geburt. Erasmus war Arzt wie Charles Vater und ebenfalls sehr dick. Ansonsten waren sie sich nicht sehr ähnlich. Der Großvater war ein berühmter Mann gewesen. Er hatte Bücher geschrieben und war nebenbei ein genialer Erfinder. Charles findet noch viele Gegenstände und Bücher von seinem Großvater in der Bibliothek des Hauses. Schade, dass er gar nicht mehr mit seinem Großvater darüber reden kann.

1.1: Löse das Rätsel!

Aussage	JA	NEIN
Charles Darwin wird 1809 in England geboren.	1	2
Charles Vater ist groß, schlank und gutmütig.	3	4
Charles besucht ein Internat.	5	6
Charles Lieblingsfach ist Latein.	7	8
Charles ist ein sehr guter Schüler.	9	10
Charles sammelt in seiner Freizeit Steine, Schmetterlinge und andere Insekten.	11	12
Charles erzählt seinen Mitschülern gerne Lügengeschich-ten.	13	14
Charles Bruder kennt sich gut mit Autos aus.	15	16
Charles Großvater war Arzt und Erfinder.	17	18
Charles redet oft mit seinem Großvater über die Erfindun-gen.	19	20

1.2.: Charles schreibt in dein Freundebuch. Suche die passenden Informationen im Text. Suche ein Foto in Büchern oder im Internet.

Name: *Charles Darwin*

Spitzname: FOTO

Geboren:

Geburtsstadt:

Land:

Schule:

Name der Eltern:

Beruf des Vaters:

Geschwister:

Hobbys:

1.3.: Ordne Charles Geschwister nach dem Alter!

Charles hat 5 Geschwister. Marianne kam vor Caroline. Catherine kam nach Marianne. Susan kam vor Erasmus. Caroline kam vor Susan, Erasmus nach Marianne, Catherine nach Caroline, Susan nach Marianne, Erasmus vor Catherine, Catherine nach Susan, Erasmus nach Caroline. Alles klar?

1.4.: In der ganzen Geschichte über Charles Darwin tauchen immer wieder Jahreszahlen auf. Schreibe nach jedem Kapitel stichwortartig in diese Tabelle, was sich in den Jahren ereignet hat.

JAHR	EREIGNIS
1809	
1818	
1825	
1828	
1831	
1831	
1832	
1835	
1836	
1839	
1839	
1842	
1856	
1858	
1859	
1871	
1882	

2. Kapitel: Charles Studienzeit

1825 beendet Charles seine Schulzeit. Er ist jetzt 17 Jahre alt und möchte am liebsten Naturforscher werden. Das kommt für seinen Vater überhaupt nicht in Frage. Robert Darwin meldet seinen Sohn in Edinburgh an der Universität an. Charles soll dort Medizin studieren. In Edinburgh fühlt sich Charles sehr wohl. Er teilt sich eine Wohnung mit seinem Bruder Erasmus und die beiden genießen das gesellige Studentenleben. Abends gehen sie oft mit anderen jungen Leuten essen und trinken, singen heitere Lieder oder spielen Karten. Das Studium der Medizin langweilt Charles aber sehr. Er findet es abscheulich, bei Operationen zuschauen zu müssen. Er kann kein Blut sehen und er erträgt es nicht, dass Patienten ohne Narkose operiert werden. Schließlich sieht der Vater ein, dass der Arztberuf nicht das Richtige für Charles ist. Deshalb schickt er ihn 1828 nach Cambridge. Dort soll Charles Theologie studieren, um später Pfarrer zu werden.

Natürlich interessiert sich Charles weiterhin leidenschaftlich für die Natur. Deshalb besucht er in Cambridge nebenbei die Vorlesungen von den Professoren Henslow und Sedgewick. Sedgewick ist Geologe. Er hält Vorträge über die Erdoberfläche und ihre Gesteine. Henslow ist Botaniker und hält Vorträge über Pflanzen. Außerdem lernt Charles bei Henslow, wie man Pflanzen und Insekten konserviert, also haltbar macht. Beide Professoren veranstalten regelmäßig Ausflüge in die Natur zur Erforschung von Steinen, Pflanzen und Tieren. Charles nimmt begeistert an diesen Ausflügen teil und wird zum Lieblingsschüler von Henslow. Aber halt! Sollte er nicht Theologie studieren und Pfarrer werden? Natürlich hat Charles das nicht vergessen. Er besucht brav die theologischen Vorlesungen und besteht im Jahre 1831 die Abschlussprüfung. Pfarrer wird er allerdings nie!

Charles bleibt noch einige Monate in Cambridge, um sich mit Geologie und Botanik zu beschäftigen. Nebenbei liest er viele Bücher über Naturwissenschaften. Vor allem ein Buch des Naturforschers Alexander von Humboldt fasziniert ihn besonders. Es ist eine Reisebeschreibung. Von Humboldt hatte wenige Jahre zuvor eine lange Forschungsreise nach Südamerika gemacht und seine vielen Erlebnisse und Beobachtungen in einem Buch veröffentlicht. Was für ein spannendes Buch! Charles fragt sich, ob er ewig als Pfarrer in England bleiben wird oder ob er auch eines Tages die Welt erkunden kann?

2.1.: Löse das Rätsel!

Aussage	JA	NEIN
Charles studiert Medizin.	1	2
Charles wohnt mit seinem Bruder zusammen.	3	4
Charles schaut gerne bei Operationen zu.	5	6
Charles zieht 1928 nach Cambridge um Theologie zu studieren.	7	8
Geologen sind Wissenschaftler, die Vögel erforschen.	9	10
Charles nimmt an Ausflügen zur Erforschung der Natur teil.	11	12
Charles besteht die theologische Abschlussprüfung nicht.	13	14
Charles wird Pfarrer in Shrewsbury.	15	16
Charles liest mit großem Interesse den Reisebericht von Alexander von Humboldt.	17	18
Charles kennt sich gut mit Pflanzen aus.	19	20

2.2.: In diesem Kapitel werden vier Wissenschaften genannt. Erkläre mit wenigen Worten, womit sich die einzelnen Wissenschaften beschäftigen. Recherchiere im Internet!

Medizin	
Theologie	
Geologie	
Botanik	

2.3.: Charles Darwin wollte Naturforscher werden. Heute würde man vielleicht eher Naturwissenschaftler sagen. Als Naturforscher muss man einige Dinge tun. Hier findest du verschiedene Verben. Male alle Verben grün an, die beschreiben, was Naturforscher tun sollten.

beobachten   *rennen*   *sammeln*   *experimentieren*

schlafen   *studieren*   *fragen*   *jammern*

segeln   *lesen*   *schreiben*   *lachen*

ordnen   *reisen*   *schlagen*   *rechnen*   *zeichnen*

3. Kapitel: Ein sensationelles Angebot

Manchmal muss man einfach ein bisschen Glück im Leben haben. Und so einen glücklichen Zufall erlebt Charles im Jahr 1831. Er ist gerade bei seinen Eltern in Shrewsbury, als ein Brief von Henslow eintrifft. Henslow teilt ihm mit, dass für eine Forschungsfahrt auf einem Schiff nach Südamerika ein junger Naturforscher gesucht wird. Das Schiff gehört zur königlichen Marine und hat die Aufgabe, die Küsten von Argentinien, Peru und Chile zu vermessen, damit neue und bessere Seekarten gezeichnet werden können. Henslow hat dem Kapitän vorgeschlagen, Charles Darwin mitzunehmen. Charles ist begeistert! Er spürt: Das ist die Chance meines Lebens. Jetzt muss nur noch der Vater seine Zustimmung geben, denn Darwin braucht das Geld von seinem Vater. Die Reise sollte etwa 1500-2000 Pfund kosten, das war damals viel Geld.

Der Vater ist gegen die Reise. Was für eine Zeitverschwendung, sagt er. Vater Robert stellt eine Liste mit 8 Gründen gegen die Reise auf. Oh je! Gut, dass es Onkel Josiah gibt. Sein Onkel setzt sich für Charles ein, widerlegt alle Gründe des Vaters und überredet diesen schließlich, Charles auf die Reise zu schicken.

Charles fährt nach London. Dort trifft er Robert Fitzroy, den Kapitän des Forschungsschiffes „Beagle" und Leiter der Expedition. Fitzroy ist nur 4 Jahre älter als Charles, aber bereits ein erfahrener Kapitän. Die beiden sind sich nicht so sehr sympathisch. Ob das wohl gut geht? Die Beagle ist ein kleines Kriegs- und Vermessungsschiff und Charles und der Kapitän werden sich dort eine Kabine teilen.

Charles besichtigt das Schiff. Es ist 30 Meter lang und hat 10 Kanonen an Bord. Man weiß ja nie, wem man auf einer so langen Reise begegnet. An Bord gibt es viele Vermessungsinstrumente, sowie Fernrohre, Sextanten und Seekarten. Insgesamt 74 Mann werden mitfahren. Es wird eng werden!

Wegen des schlechten Wetters verzögert sich die Abfahrt der Beagle mehrmals. Charles findet es unerträglich zu warten. Und er macht sich Sorgen, ob er fit genug für eine lange Forschungsreise ist. Immerhin soll die Reise 3 Jahre dauern. Bis jetzt hat er sehr wohlhabend gelebt. Kann er auf die bequemen Dinge des Alltags verzichten? Wird er Heimweh haben? Es gibt ja kein Telefon und kein Internet, Briefe dauern monatelang. Außerdem weiß Charles, dass er schnell seekrank wird. Davor hat er besonders Angst.

3.1.: Löse das Rätsel!

Aussage	JA	NEIN
Charles wird auf ein Forschungsschiff eingeladen.	1	2
Das Forschungsschiff heißt Igel.	3	4
Das Forschungsschiff soll China erkunden.	5	6
Charles Vater ist gegen die Reise.	7	8
Charles Onkel setzt sich für Charles ein.	9	10
Der Kapitän des Schiffes heißt Fritz Roy.	11	12
Das Forschungsschiff hat Kanonen an Bord.	13	14
Auf dem Forschungsschiff fahren viele Kinder mit.	15	16
Der Tag der Abfahrt wird immer wieder verschoben, weil das Wetter zu schlecht ist.	17	18
Charles freut sich auf seine Einzelkabine mit Telefon.	19	20

3.2.: Suche im Internet oder in Büchern nach Bildern oder Zeichnungen der Beagle. Zeichne das Schiff ab und beschrifte deine Zeichnung.

3.3.: Die Beagle ist ein Segelschiff. Kennst du noch andere Schiffe?

4. Kapitel: Auf nach Südamerika

Am 27.12.1831 geht die Reise endlich los. Mit den Besatzungsmitgliedern versteht sich Charles sehr gut. Er ist stets freundlich und hat gute Laune und ist somit ein angenehmer Reisebegleiter. Später nennen ihn die Seeleute der Beagle „Fliegenfänger". Es gibt aber auch Zeiten, in denen er gar nichts mit seinen neuen Freunden zu tun haben möchte. Denn Charles wird kurz nach der Abfahrt seekrank und liegt stundenlang in der Hängematte.

Auf der Kapverdischen Insel Santiago gehen sie zum ersten Mal an Land. Vergessen ist die Seekrankheit. Während Fitzroy Messungen vornimmt, streift Charles über die Insel, beobachtet Tiere und Pflanzen und macht sich erste Notizen. Er schreibt in sein Tagebuch: „Die Insel dürfte sonst für sehr uninteressant angesehen werden, aber für einen jeden, der nur an eine englische Landschaft gewöhnt ist, besitzt der ganz neue Anblick eines völlig unfruchtbaren Landes etwas Großartiges."

Nach 3 Wochen fahren sie weiter und erreichen am 29. Februar 1832 die Küste Brasiliens. Sofort bricht Charles zu einem Spaziergang durch den brasilianischen, tropischen Wald auf. Er ist begeistert und notiert: „Entzückend ist nur ein schwacher Ausdruck zur Wiedergabe des Gefühls eines Naturforschers, der zum ersten Male allein in einem brasilianischen Wald gewandert ist." Die Vielfalt der Pflanzen, die Schönheit der Blüten, die Farben, die Geräusche der Insekten – all das fasziniert ihn.

Später segeln sie weiter nach Rio de Janeiro. Während die Besatzung der Beagle mit Vermessungsaufgaben beschäftigt ist, wird Charles längere Strecken zu Pferd zurücklegen, um möglichst viel von der Landschaft zu sehen. Ein ziemlich gefährliches Abenteuer!

Seit der Entdeckung Amerikas durch Kolumbus im Jahre 1492 haben viele Europäer eine neue Heimat auf diesem Kontinent gesucht. Vor allem Spanier und Portugiesen siedelten sich in Südamerika an. Sie eroberten nach und nach den Kontinent und ermordeten oder vertrieben die Ureinwohner, die Indianer. Oder sie machten die Indianer zu ihren Sklaven auf den Plantagen und Farmen. Es gab einige Indianerstämme, die sich zu wehren versuchten. Daher herrschte Krieg zwischen Spaniern und Indianern. Deshalb reist Charles immer in Begleitung durchs Land. Er könnte ja auf kriegerische Indianer stoßen, die nicht wissen, dass er nur ein harmloser Naturforscher ist.

4.1.: Löse das Rätsel!

Aussage	JA	NEIN
Die Beagle fährt am 7.1.1932 los.	1	2
Charles findet Freunde auf dem Schiff.	3	4
Die Besatzung nennt Charles Rattenfänger.	5	6
Charles liegt häufig seekrank in der Hängematte.	7	8
Santiago ist eine fruchtbare Insel, auf der Kartoffeln wachsen.	9	10
Charles ist begeistert vom tropischen Regenwald.	11	12
Charles führt viele Vermessungsarbeiten durch.	13	14
Amerika wurde von Christoph Kolumbus entdeckt.	15	16
In Südamerika siedelten sich vor allem viele Deutsche an.	17	18
Die Ureinwohner Südamerikas nennt man Indianer.	19	20

4.2.: Lies den Text. Zeichne anschließend ein passendes Bild vom tropischen Regenwald. Beschrifte deine Zeichnung.

Der tropische Regenwald

Der tropische Regenwald ist ein Urwald. Tropische Regenwälder finden sich in der Nähe des Äquators. Dort prasseln fast jeden Tag heftige Regenschauer nieder. Gleichzeitig herrscht eine große Hitze, und zwar das ganze Jahr über. Unzählige Pflanzen wachsen in den Regenwäldern und sie bieten vielen Tieren Nahrung und Unterschlupf. Im Regenwald sind so viele Tiere zu Hause, dass selbst Wissenschaftler sie bis heute nicht alle kennen. Manche Baumriesen sind bis zu 75 Meter hoch, andere Bäume gedeihen weiter unten im Schatten.

So ist der Regenwald wie ein Haus in Stockwerke aufgeteilt.

Raubtiere sind ständig auf der Suche nach Essbarem. Auf dem Boden liegen Anakondas, die größten Schlangen der Welt, und warten auf ein Opfer. Leoparden schleichen auf der Suche nach Beute umher. Das Okapi sucht die Dunkelheit des Waldes. In den Flüssen tummeln sich Krokodile und Nashörner.

Viele Tiere klettern durch die mittleren Stockwerke wie die Schimpansen und andere Affenarten. Geschickt springen sie von Ast zu Ast. Ihren Klammerschwanz benutzen sie wie eine fünfte Hand.

Hoch oben in den Baumkronen herrscht ein solches Pflanzendickicht, dass den Tieren oft die Sicht versperrt ist. Deshalb machen sie sich durch Geräusche bemerkbar. Hier wohnen die lautesten Tiere der Welt: Papageien, Zikaden, Brüllaffen.

4.3.: Sicher weißt du schon viel über die Indianer. Schreibe auf einen Stichwortzettel, was du weißt. Male ein passendes Bild dazu. Erzähle anschließend einem Klassenkameraden über die Indianer.

5. Kapitel: Kleine Landeskunde von Südamerika

Die Küste Südamerikas ist sehr lang. In Brasilien, wo die Beagle startet, ist es sehr warm und weite Teile sind mit Regenwald bedeckt. Hier wachsen exotische Früchte und die Siedler aus Europa bauen vor allem Kaffeepflanzen an. Die Kaffeebohnen verkaufen sie nach Europa. Der Regenwald ist Heimat zahlreicher Tierarten und Pflanzenarten. Hier leben zum Beispiel Affen, Krokodile, Tukane und Jaguare.

Weiter südlich in Uruguay und Argentinien gibt es ein riesiges Grasland. Diese teilweise feuchte, teilweise trockene Landschaft wird Pampa genannt. Das Land eignet sich hervorragend zur Rinderzucht. Die Männer, die sich um die Rinderherden kümmern und Rinder mit dem Lasso einfangen, heißen hier nicht Cowboys, sondern Gauchos. Außerdem findet man hier den großen Laufvogel Nandu, der wie ein Strauß aussieht.

Der Süden Argentiniens heißt Patagonien. Eisige Winde streifen hier über eine endlose, kahle Landschaft. Man nennt diese Landschaft auch patagonische Steppe. Vor den Steilküsten kann man Wale, Delfine und Pinguine beobachten. Hier gibt es kaum noch Siedler. Das typische Säugetier für diese Landschaft ist das Guanako, eine Art Lama, und das Gürteltier.

In ganz Südamerika leben Pumas.

Den südlichsten Zipfel Südamerikas bilden die Inseln von Feuerland. Hier leben zur Zeit Darwins nur einige Ureinwohner. Es gibt schneebedeckte Berge und viele Wälder. Das ganze Jahr über ist es hier sehr kalt, denn von Feuerland ist es nicht mehr weit zur Antarktis. Es regnet die meiste Zeit und Tage ohne Sturm sind eine Seltenheit. Rund 200 Vogelarten, vom Albatros bis zum Kolibri, leben hier.

An der Westküste Südamerikas finden sich vor allem die Länder Chile und Peru.

Westlich von Ecuador liegen die Galapagos-Inseln.

Das höchste Gebirge Südamerikas sind die Anden.

Südamerika wird von zwei großen Ozeanen umgeben. Im Westen liegt der Atlantische Ozean, im Osten der Pazifische Ozean.

Der südlichste Punkt ist das Kap Hoorn; hier treffen Atlantik und Pazifik aufeinander.

5.1.: Löse das Rätsel!

Aussage	JA	NEIN
In Brasilien gibt es tropischen Regenwald.	1	2
In Brasilien bauen Siedler Kaffee an.	3	4
Die Pampa ist eine große Insel.	5	6
Kartoffelchips nennt man auch Gauchos.	7	8
Der Jaguar ist ein Wüstentier.	9	10
In Patagonien wachsen Palmen, Bananenstauden und Apfelsinenbäume.	11	12
Patagonien hat eine Steilküste.	13	14
Das Guanako lebt in Patagonien und ist eine Art Lama.	15	16
In Feuerland ist es sehr heiß.	17	18
In Feuerland leben Affen und Elefanten.	19	20

5.2.: Suche im Atlas eine Karte von Südamerika. Zeichne sie ab. Verwende die gleichen Farben wie auf einer physischen Karte (Städte – roter Punkt; Gebirge – braun, Flüsse – blau; Meere – hellblau; flache Landschaft – grün)

Zeichne folgende Städte, Inseln, Meere, Gebirge ein:

Buenos Aires – Montevideo – Bahia – Feuerland – Patagonien – Atlantischer Ozean
– Pazifischer Ozean – Chile – Peru – Galapagos-Inseln – Anden

5.3.: Unterstreiche alle Tiere, die im 5. Kapitel genannt werden.

Suche 14 Tiere im Gitterrätsel.

K	A	W	D	P	N	A	U	E	D	T	K	Ö	S	P
A	S	E	I	U	E	O	N	D	J	W	A	L	E	L
G	U	A	N	A	K	O	P	R	H	E	I	N	M	G
W	E	A	N	A	O	A	S	M	I	S	T	E	R	Ü
I	A	L	E	S	L	G	K	I	W	E	S	E	R	R
N	E	B	I	P	I	N	G	U	I	N	G	L	S	T
N	P	A	W	E	B	E	R	H	H	T	A	F	F	E
N	F	T	M	A	R	G	I	R	Y	S	T	E	L	L
G	L	R	O	S	I	L	R	I	K	P	S	E	K	T
K	R	O	K	O	D	I	L	M	A	U	N	R	O	I
F	U	S	A	A	R	S	C	H	E	M	G	T	D	E
M	M	T	R	L	G	R	N	V	J	A	G	U	A	R
G	E	Ü	I	E	E	L	A	N	E	I	S	K	R	K
O	B	M	N	K	N	H	N	T	R	A	S	A	E	K
S	T	G	D	R	Ö	N	D	E	L	F	I	N	E	R
I	L	L	E	R	E	E	U	U	H	R	N	A	L	L

Suche Informationen zu einem dieser Tiere. Schreibe einen kurzen Steckbrief über das Tier.

6. Kapitel: Von Rio nach Feuerland

In Brasilien besucht Charles eine Kaffeeplantage. Dort beobachtet er, wie die Plantagenbesitzer mit den Sklaven umgehen. Charles ist ein Gegner der Sklaverei. Er meint, dass jeder Mensch ein Recht auf ein freies Leben hat. Darüber gerät er auch in einen Streit mit dem Kapitän.

Die Tropen bieten ihm besonders viel zum Beobachten und Sammeln. Charles ist ein gewissenhafter Naturforscher. Er ordnet alles genau und schreibt seine Notizen dazu. Immer wieder schickt er Kisten mit seinen Sammlungen nach England.

Auf dem Rücken eines Pferdes durchstreift er die Pampa. Nachts sucht er Quartier bei den Siedlern. An einem Ort findet er fossile Knochen von Riesensäugetieren, die inzwischen ausgestorben sind.

Weiter geht die Reise mit dem Schiff nach Patagonien und anschließend nach Feuerland. Bevor sie die Küste Feuerlands erreichen, geraten sie tagelang in heftige Stürme. Gut, dass Fitzroy ein erfahrener Seemann ist, der sie sicher an Land bringt.

Die Ureinwohner Feuerlands leben in Wigwams aus Zweigen, Gras und Robbenhaut. Sie heizen mit einem Feuer, so dass aus jeder Hütte eine Rauchwolke steigt. Wegen der vielen Rauchsäulen haben die Entdecker das Land Tierra del Humo (Rauchland) genannt; daraus wurde später der Name Tierra del Fuego (Feuerland). Als Darwin die Ureinwohner Feuerlands zum ersten Mal sieht, ist er entsetzt. Sie sind meistens nackt, haben einen wilden, unfreundlichen Gesichtsausdruck, tragen langes schwarzes Haar und haben ihre Gesichter angemalt. Er schreibt in sein Tagebuch: „Ich hätte kaum geglaubt, wie groß die Verschiedenheit zwischen Wilden und zivilisierten Menschen ist." Mit zivilisierten Menschen meint er vor allem die Europäer. Die Feuerländer leben von der Jagd und vom Fischfang. Sie tauchen im eisigen Wasser nach Muscheln. In Hungersnöten werden sie zu Kannibalen, die ihre Frauen fressen.

Fitzroy hatte auf einer früheren Reise drei Ureinwohner Feuerlands gefangen genommen und zur Erziehung nach England gebracht. Nun werden die drei wieder in ihre Heimat gebracht. Charles beobachtet, wie sie in kurzer Zeit verwildern und sich an die Lebensgewohnheiten ihres Stammes anpassen.

6.1.: Löse das Rätsel!

Aussage	JA	NEIN
Charles Darwin ist ein Gegner der Sklaverei.	1	2
Charles fotografiert viele Schmetterlinge.	3	4
Charles entdeckt fossile Knochen von ausgestorbenen Riesensäugetieren.	5	6
Die Beagle gerät vor Feuerland in einen Sturm.	7	8
Die Ureinwohner Feuerlands machen Feuer in ihren Hütten.	9	10
Die Feuerländer sind sehr warm und chic angezogen.	11	12
Die Feuerländer leben von Mais, Weizen und Reis.	13	14
Die Feuerländer malen ihr Gesicht an.	15	16
In Feuerland setzt Fitzroy drei Ureinwohner aus.	17	18
Charles nennt die Feuerländer Wilde und findet sie nicht sehr zivilisiert.	19	20

6.2.: Beantworte die Fragen!

1) Warum heißt das Land im Süden Südamerikas Feuerland?

2) Wie beschreibt Darwin die Feuerländer?

3) Warum hält Darwin die Feuerländer für besonders wild und unzivilisiert?

4) Was tun die Feuerländer? Bilde mit den Buchstaben die passenden Verben.

e r f n u e   e g a j n   s n e f c i h

n a a m n e l   u h n c a t e   d e p d n a l

6.3.: Bilde aus den Verben oben die 3. Person Singular der Gegenwart und der Vergangenheit und trage die Formen in die Tabelle ein.

VERB	3. P. Einzahl, Gegenwart	3. P. Einz. Vergangenheit
leben	er lebt	er lebte

7. Kapitel: Eine lange Heimfahrt

Fast drei Jahre ist die Beagle schon unterwegs, um die Küste Südamerikas zu vermessen. Charles ist noch immer begeistert von seinen Entdeckungen und schreibt alles gewissenhaft in sein Tagebuch. In Chile beobachtet er einen tätigen Vulkan und wird Zeuge eines schweren Erdbebens. Charles ist gerade in einem Wald, als es zu beben beginnt und ihm wird etwas schwindelig. Das Erdbeben richtet in den nahegelegenen Städten eine wüste Zerstörung an. Einige Bewohner kommen zu Tode.
Im September 1835 erreicht die Beagle die Galapagos-Inseln. Diese Vulkaninseln liegen 800 km vor Ecuador. Obwohl sie nahe beieinander liegen, unterscheiden sie sich im Klima. Es gibt unterschiedliche Temperaturen und somit auch verschiedene Pflanzen auf den Inseln. Auf unterschiedlichen Inseln gibt es auch verschiedene Arten von Schildkröten, Leguanen und Finken. 5 Wochen verbringt Charles auf den Inseln und beschäftigt sich intensiv mit Vögeln. Warum gibt es 13 verschiedene Arten dieser Vögel auf den Inseln? Sie unterscheiden sich vor allem in ihrer Schnabelform. Der eine Schnabel eignet sich besonders zum Körner fressen, während ein anderer ideal ist, um Insekten zu fressen. Charles hat eine Vermutung. Er glaubt, dass es vor vielen tausend Jahren nur eine Art von Finken gab, die sich auf den Galapagos-Inseln niedergelassen hat. Weil jede Insel etwas anders ist und den Vögeln auch unterschiedliches Futter bietet, haben sich im Laufe der Jahre die Finken so verändert, dass sie für das Leben auf einer bestimmten Insel besonders gut angepasst sind. Darüber muss er später in England noch einmal genau nachdenken.
Jetzt macht sich die Beagle auf den Weg nach Australien, das sie 1836 erreichen. Dort beobachtet Darwin wieder die Ureinwohner und findet sie nicht so primitiv wie die Feuerländer. Außerdem stellt er fest, dass es hier eine ganz besondere Art von Tieren gibt, die es in Europa nicht gibt, nämlich die Beuteltiere.
Nach einiger Zeit geht es über den Indischen Ozean um Südafrika herum nach Hause. Charles wird seekrank und leidet während der Reise häufig an Fieberanfällen.
Drei Jahre sollte die Forschungsfahrt der Beagle dauern. Am 2. Oktober 1836, nach fast fünf Jahren, kehrt die Beagle nach England zurück. Mit der Postkutsche fährt Charles zuerst zu seiner Familie. Anschließend reist er nach London, wo er das Ausladen seiner vielen Kisten überwacht. Das große Abenteuer seines Lebens ist vorbei!

7.1.: Löse das Rätsel!

Aussage	JA	NEIN
Chile liegt in Nordamerika.	1	2
Charles beobachtet in Chile einen tätigen Vulkan und erlebt ein Erdbeben.	3	4
Charles erreicht 1835 die Galapagos-Inseln.	5	6
Charles beobachtet auf den Inseln verschiedene Arten von Finken.	7	8
Es gibt viele Schildkröten auf den Inseln.	9	10
Charles beobachtet in Australien die Ureinwohner.	11	12
Kängurus leben vor allem in Europa und Asien.	13	14
Charles ist immer gesund.	15	16
Die Forschungsreise der Beagle dauert fast fünf Jahre.	17	18
Charles reist nach der Ankunft nach London, um seine Eltern zu sehen.	19	20

7.2.: Lies den Text und markiere wichtige Begriffe!

Die Erde ist aufgebaut wie ein Ball aus mehreren Schichten. Flüssige und feste Schichten wechseln sich ab. Die äußere Schicht wird Erdkruste genannt. Sie besteht aus verschiedenen Gesteinen und ist weniger als 100 km dick. Darunter befindet sich der Obere Erdmantel mit zähflüssigem, etwa 1500 Grad heißem Gestein. Einige Bestandteile des Erdmantels sind flüssig und bilden riesige Blasen unter der Erdkruste. Dieses geschmolzene Gestein heißt Magma. Es sammelt sich in Magmakammern, die das umgebende Gestein auseinander drücken und teilweise schmelzen. Wenn der Druck in der Magmakammer besonders hoch ist und die Erdkruste Risse oder Spalten hat, kann das Magma an die Oberfläche. Ein Vulkan entsteht. Manchmal schießt das Magma explosionsartig heraus, manchmal fließt es ruhig. Das hängt davon ab, wie dünnflüssig es ist. Sobald das Magma aus der Erde heraustritt, nennt man es Lava. Kleine Magmateile, die durch die Wucht der Explosion in die Luft geschleudert werden, rieseln wieder als Staubteilchen herab, die man Vulkanasche nennt. Durch die ausgeworfene Asche und die erkaltete Lava entsteht ein Berg. Vulkane sind meistens kegelförmig. Die Öffnung des Vulkans heißt Krater. Vom Krater aus gibt es eine Röhre, den sogenannten Schlot, in die Magmakammer. Häufig schließt sich nach einem Vulkanausbruch der Schlot durch das herausgeworfene Material.

7.3.: Weißt du noch, an welchen Orten Charles Darwin auf seiner Weltreise war? Suche die Orte im Atlas oder auf Google-Maps!

Schreibe möglichst viele Orte auf! Trage sie in die ABC-Liste ein.

A	M
B	N
C	O
D	P/Q
E	R
F	S
G	T
H	U
I / J	V / W
K/ L	X/Y/Z

8. Kapitel: Charles gründet eine Familie

Charles hat bereits auf seiner Reise einige Briefe über seine Erlebnisse geschrieben, die Henslow daheim in England veröffentlichte. Nach seiner Rückkehr wird er häufig eingeladen, um Vorträge über seine Reise zu halten. Er trifft sich mit vielen Wissenschaftlern zum Gespräch. Charles ist schon etwas berühmt. Er wohnt nun in London und schreibt an seinem Reisebericht. Das Großstadtleben gefällt ihm aber nicht sehr gut. Er sehnt sich nach häuslicher Ruhe, einem Haus auf dem Land und einer lieben Ehefrau.

Seine Kusine Emma gefällt ihm gut. Es ist die Tochter seines Lieblingsonkels Josiah. Die beiden kennen sich seit ihrer Kindheit. Charles denkt über die Vorteile und Nachteile einer Ehe mit Emma nach und schreibt alles auf eine Liste. Schließlich bittet er sie, seine Frau zu werden. 1839 heiraten Emma und Charles. Am Ende des Jahres wird ihr Sohn William geboren. Im Laufe der Ehe wird das Paar zehn Kinder bekommen, von denen sieben überleben. Darwin erfreut sich an seinen Kindern, sie dürfen ihn aber nicht bei seinen Forschungen stören. Emma und ein paar Bedienstete kümmern sich um Haushalt und Kinder.

Im Jahre 1839 veröffentlicht er seinen Reisebericht. Sein Buch interessiert viele Leser und er verdient etwas Geld damit. Charles hat aber keine Geldsorgen, denn er und Emma stammen aus wohlhabenden Familien. Er kann sich ganz auf seine Forschungen konzentrieren.

1842 zieht die junge Familie in ein schönes Landhaus wenige Meilen von London entfernt, mit Gärten, Gewächshaus und Pferdestall. Charles lässt auf dem Grundstück einen Weg anlegen, auf dem er regelmäßig spazieren geht um nachzudenken. Es gibt so viele Gedanken, die ihm seit der Reise durch den Kopf gehen.

Heute wissen wir, dass sich die Erde seit ihrer Entstehung sehr verändert hat und weiter verändern wird. Vor fast 200 Jahren, zur Zeit Darwins, waren diese Gedanken sehr neu und sensationell. Damals glaubten die meisten Menschen, dass die Erde so von Gott erschaffen wurde, wie es in der Bibel steht. Sie glaubten also, dass Gott Erde, Himmel, Landschaften, Menschen, Tiere und Pflanzen auf einmal erschaffen hat. Wissenschaftler wie Darwin, die daran zweifelten, machten sich nicht sehr beliebt.

8.1.: Löse das Rätsel!

Aussage	JA	NEIN
Charles Darwin hält Vorträge über seine Reise.	1	2
Charles schreibt einen Reisebericht, der 1939 als Buch erscheint.	3	4
Charles wohnt gerne in London.	5	6
Charles kann seine Kusine Emma nicht leiden.	7	8
Charles wird 1939 Vater eines Sohnes.	9	10
Charles ist ein armer Mann und muss sein Geld in einem Pferdestall verdienen.	11	12
Charles zieht in ein Landhaus und lässt einen Weg für Spaziergänge anlegen.	13	14
Charles und seine Frau bekommen insgesamt acht Kinder.	15	16
Die Erde verändert sich ständig.	17	18
Die meisten Menschen glaubten, dass die Erde so von Gott erschaffen wurde, wie es in der Bibel beschrieben steht.	19	20

8.2.: Schreibe folgende Sätze in der richtigen Reihenfolge in dein Heft!

a) Nach einer Reisezeit von ungefähr 5 Jahren erreichten sie Englands Küste.

b) Anschließend beobachtete Darwin Pflanzen und Tiere im Urwald.

c) Das Schiff verließ Südamerika und fuhr nach Australien.

d) Nach einigen Wochen landete es an der südamerikanischen Küste.

e) Danach ritt er viel durch die Pampa.

f) Das Forschungsschiff startete in England.

g) Einige Wochen später reiste Darwin nach Feuerland.

h) Schließlich traten sie den Rückweg über den Indischen Ozean an.

i) Von Feuerland aus segelte die Mannschaft auf dem Pazifik die Westküste Südamerikas entlang bis zu den Galapagos-Inseln.

9. Kapitel: Ein gefährlicher Gedanke nimmt Gestalt an

Einige kluge Geologen (Gesteinsforscher) hatten Beweise dafür gesammelt, dass sich die Erde im Laufe von Millionen Jahren mehrfach verändert hat. Es gab Zeiten auf der Erde, in denen es wärmer war und Zeiten, in denen es sehr kalt war. Erdteile haben sich verschoben und Land, das vor Millionen Jahren von Wasser überflutet war, hat sich gehoben. So sind langsam die Gebirge entstanden und verändern sich noch heute. Mit bloßem Auge kann man so etwas nicht beobachten, es dauert zu lange. Manchmal blieben Reste aus dem Ozean auf dem Land liegen, zum Beispiel Muscheln. Charles hat auf seiner Weltreise einmal Muscheln auf einem Berg gefunden. Dort musste also einmal ein Meer gewesen sein. Charles beschäftigt sich sehr viel mit den Entdeckungen der Geologen, vergleicht sie mit seinen eigenen Beobachtungen und gibt ihnen Recht, dass sich die Erde ständig verändert. Er glaubt nicht mehr an die Schöpfungsgeschichte, wie sie in der Bibel steht.

Charles hat eine ganz andere Vermutung. Er traut sich jedoch nicht, darüber ein Buch zu schreiben. Daher schreibt er zunächst Bücher über Steine, Landschaften, Vulkane, Fossilien, Pflanzen, Tiere und verschiedene Völker. Das ist das Besondere an Charles Darwin. Er hat auf seiner Weltreise nicht nur genau beobachtet, er ist auch in der Lage, aus seinen Beobachtungen neue wissenschaftliche Erkenntnisse zu ziehen.

Charles glaubt, dass sich nicht nur die Erde verändert, sondern alle Lebewesen auf der Erde. Er meint, dass immer wieder neue Arten von Pflanzen und Tieren entstehen, während andere aussterben. Das dauert natürlich immer viele tausend Jahre. Viele Beobachtungen, die er gemacht hat, bestätigen diese Idee. Aber warum ändert sich das Leben auf der Erde immer wieder?

Charles erklärt es so: Jedes Lebewesen hat das Ziel zu überleben und sich fortzupflanzen. Um zu überleben, muss man sich gut an die Umwelt anpassen. Menschen können sich besonders gut anpassen (durch Kleidung, Technik, Nahrung). Auch Tiere und Pflanzen passen sich an ihre Umgebung an. Du weißt, dass sich alle Menschen etwas voneinander unterscheiden. Du bist zwar ein Mensch, aber ein einzigartiges Wesen. Du hast Eigenschaften, die sich von anderen Menschen unterscheiden. Genauso ist es bei den Pflanzen und Tieren. Egal, ob Affen, Tiger, Tausendfüßler oder Stechpalmen, jede Art besteht aus einzelnen Wesen, die sich voneinander ein bisschen unterscheiden. Wenn sich die Umwelt ändert, zum Beispiel weil es auf der

Erde wärmer oder kälter wird, dann überleben diejenigen, die sich an die Veränderung besonders gut anpassen können. Häufig bedeutet eine Veränderung der Umwelt, dass nicht mehr ausreichend Nahrung da ist. Dann überleben nur diejenigen, die besonders gute Eigenschaften haben, um sich ausreichend zu ernähren. Die anderen mit den ungünstigen Eigenschaften sterben früh. Diejenigen mit den guten Eigenschaften vererben diese an ihre Kinder. Dann haben wahrscheinlich die Kinder auch die günstigen Eigenschaften. So verändert sich eine Art. Gibt es innerhalb einer Art von Tieren oder Pflanzen kein Wesen, das günstige Eigenschaften zum Überleben hat, dann stirbt die Art aus. Charles nennt es natürliche Auslese, dass nur diejenigen überleben, die sich gut an die Umweltveränderungen anpassen können. Die Natur regelt das ganz von alleine. Das Prinzip heißt: Der Stärkere überlebt (Survival of the fittest!). Stark hat allerdings nicht unbedingt etwas mit Muskelkraft zu tun. Vielleicht überlebt ein Wesen, weil es klüger oder kleiner ist, weil es besser schwimmen, fliegen, klettern oder laufen kann, oder weil es, wie der Mensch, Werkzeuge und Sprache benutzen kann. Es gibt ein gutes Beispiel dafür, dass nicht unbedingt immer die Stärksten überleben. Das sind die Dinosaurier, die kräftigsten Tiere, die es jemals gab. Dennoch sind sie ausgestorben! Es ist ganz unterschiedlich, wie lange eine Art überlebt. Schildkröten gibt es zum Beispiel schon viele Millionen Jahre, während das Mammut sich nicht so lange gehalten hat.

Im Laufe von Millionen Jahren haben sich immer mehr Arten gebildet. Die Entstehung der Arten von Beginn der Erdgeschichte bis heute nennt man Evolution. Der moderne Mensch steht ziemlich am Ende dieser langen Geschichte. Ihn gibt es erst seit etwa 40000 Jahren. Menschen und Affen haben einen gemeinsamen Vorfahren, der inzwischen ausgestorben ist. Er lebte vor ungefähr 5 Millionen Jahren. Durch Umweltveränderungen, an die sich unsere Vorfahren anpassen mussten, ist im Laufe der Jahre aus dem gemeinsamen Vorfahren der moderne Mensch entstanden. Urmenschen, wie zum Beispiel die Neandertaler, sind ausgestorben. Der Mensch ist einzigartig durch sein besonderes Denk- und Sprachvermögen. Im Gegensatz zu Tieren kann er etwas planen und darüber mit seinen Mitmenschen reden. Das hat ihm große Überlebensvorteile gebracht. Kein anderes Säugetier kann in so vielen verschiedenen Gegenden überleben.

9.1.: Löse das Rätsel!

Aussage	JA	NEIN
Geologen wissen: Wenn das Wasser an den Polen gefriert, sinkt der Meeresspiegel.	1	2
Charles hat auf seiner Reise Muscheln auf einem Berg gefunden.	3	4
Charles schreibt viele Lieder über seine Reise.	5	6
Charles sagt: Alle Lebewesen wollen überleben und sich fortpflanzen.	7	8
Charles sagt: Alle Löwen sind genau gleiche Wesen.	9	10
Charles sagt: Wer sich gut an die Umwelt anpasst, überlebt eher.	11	12
Charles sagt: Menschen und Tiere überleben eher, wenn sie starke Muskeln haben.	13	14
Charles sagt: Menschen können sich gut an die Umwelt anpassen, weil sie intelligent sind und miteinander reden können.	15	16
Die Dinosaurier sind ausgestorben.	17	18
Zur Zeit der Dinosaurier lebten bereits viele Menschen.	19	20

Informationstext: Dinosaurier

Der Wissenschaftler Sir Richard Owen (1804-1892) gab den Dinosauriern ihren Namen. Er bedeutet: Schreckliche Echse.

Die Dinosaurier tauchten vor etwa 225 Millionen Jahren auf und verschwanden vor ungefähr 65 Millionen Jahren. Damals gab es nur einen Kontinent, er hieß Pangäa. In der Zeit der Saurier brach er in unsere heutigen Kontinente auseinander. Damals war es warm auf der Erde, es regnete häufig und die Pflanzen konnten gut wachsen.

Alles, was wir über Dinosaurier wissen, haben Wissenschaftler aus den Fossilien gelernt. Das sind versteinerte Knochen.

Die Dinosaurier lebten über die ganze Erde verteilt. Die meisten Fossilien fand man in Amerika und Asien. Australien ist berühmt für Hunderte von Fußabdrücken, die als Versteinerungen erhalten blieben.

Es gab ungefähr 350 verschiedene Arten von Dinosauriern. Nicht alle waren so groß und schwer wie der Brachiosaurus mit seinen 30 Tonnen.

Die meisten Dinosaurier lebten auf dem Land. Es gab aber auch Flugsaurier und Saurier, die im Meer lebten.

Die Dinosaurier waren gesellige Tiere und wanderten in Herden von einem Ort zum anderen, immer dorthin, wo es Nahrung gab. Vielen Arten waren ja sehr groß und hatten mächtig viel Hunger.

Dinosaurier legten Eier. Die Größten waren etwa 30 cm lang. Die Babys der Dinosaurier waren also sehr klein. Vermutlich nahm die Herde die Kleinen in die Mitte, um sie zu beschützen.

Die meisten Dinosaurier waren Pflanzenfresser. Sie waren fast den ganzen Tag mit Fressen beschäftigt. Einige schluckten Steine, die die Pflanzen im Magen zermahlen sollten. Es gab auch Fleischfresser. Sie jagten die Pflanzenfresser und andere Tiere.

Der König der Saurier war der Tyrannosaurus Rex, ein riesiger Fleischfresser. Inzwischen hat man in Patagonien fossile Knochen eines noch größeren Dinosauriers gefunden, des Giganotosaurus.

Einige Wissenschaftler vermuten, dass sich die Umweltbedingungen für die Saurier plötzlich verändert haben, vielleicht durch einen Meteoriteneinschlag, sodass es auf der Erde kälter wurde und viele Pflanzen starben, das Hauptfutter der Dinosaurier. Nicht nur die Dinosaurier, auch zahlreiche andere Tierarten sind vor ungefähr 65 Millionen Jahren ausgestorben.

9.2.: Lies den Text über die Dinosaurier! Fülle anschließend die Lücken des folgenden Lückentextes aus.

Vor mehr als 200 Millionen ___________________ lebten auf der Erde die _____________________________ .

Damals gab es nur einen _____________________ .

Es war sehr warm auf der Erde. Das Wort Dinosaurier bedeutet „schreckliche __________" . Die Dinosaurier lebten auf der ganzen Erde, vor allem in Asien und Amerika fand man viele fossile ___________________ . Unter den Dinosauriern gab es Pflanzenfresser und _________________________ .

Dinosaurier legten ___________________ . Aus ihnen schlüpften die Dinosaurierbabys. Einige Arten waren riesig groß. Es gab über 300 _______________ von Dinosauriern. Den Tyrannosaurus Rex nennt man auch _________________ der Saurier. Er war etwa 12 Meter lang, 6 Meter hoch und wog ungefähr 6 Tonnen. Sein Schädel war bis zu 1,50 Meter lang.

Niemand weiß genau, warum die Dinosaurier ausgestorben sind. Vermutlich haben sich die ______________________________ geändert. Einige Wissenschaftler glauben, dass der Einschlag eines _______________ viel Staub aufgewirbelt hat, sodass weniger Sonnenlicht auf die Erde kam und es kälter wurde.

Lückenwörter: Meteoriten, Eier, Jahren, Dinosaurier, König, Knochen, Echse, Kontinent, Umweltbedingungen, Fleischfresser, Arten.

10. Kapitel: Charles berichtet über die Entstehung der Arten

Fast zwanzig Jahre lang forscht Darwin, ohne seine Theorie über die Entstehung der Arten und die natürliche Auslese zu veröffentlichen. Er weiß, dass er damit das ganze Weltbild der Menschen, die an die Schöpfungsgeschichte der Bibel glauben, auf den Kopf stellt. Eines Tages im Jahre 1858 bekommt er einen Brief von einem Forscher namens Wallace. Wallace hat ähnliche Ideen wie Charles. Jetzt will Charles nicht länger warten. Er will nicht, dass Wallace ihm zuvorkommt.

1858 trägt Darwin vor einer bedeutenden wissenschaftlichen Gesellschaft in London seine und Wallace Studien vor. Die Theorie der Evolution ist somit veröffentlicht.

Darwin fasst seine Forschungen zusammen und schreibt 1859 ein bedeutendes Buch: Die Entstehung der Arten. Das Buch ist ein Renner, heute würde man Bestseller sagen, und sofort vergriffen.

Viele Wissenschaftler, vor allem jüngere, unterstützen Darwin und seine neue Theorie. Aber er hat auch Gegner. Weil er der Bibel widerspricht, bezeichnen ihn einige als den gefährlichsten Mann Englands.

1871 erscheint ein neues Buch von ihm: Die Abstammung des Menschen. Zahlreiche Leser sind schockiert über den Gedanken, dass der Mensch vom Affen abstammt. Sie spotten über Darwin. Dennoch ist auch dieses Buch ein toller Erfolg.

Viele Wissenschaftler wissen, dass Darwin Recht hat. Auf der ganzen Welt wird in dieser Sache weitergeforscht.

Charles ist jetzt ein berühmter und reicher Mann. Er wird Mitglied von bedeutenden wissenschaftlichen Gesellschaften und erhält viele Ehrungen.

Die letzten Jahre seines Lebens verbringt er sehr zurückgezogen in seinem Haus in Down. Er beschäftigt sich mit Tauben und Insekten in seinem Garten. Er beobachtet, dass Regenwürmer in der Lage sind, ganze Äcker umzugraben. Er macht kleine Spaziergänge mit seinem Hund. Manchmal spielt er abends mit seiner Frau ein Brettspiel oder lässt sich etwas vorlesen. Seinen erwachsenen Kindern schreibt er zahlreiche Briefe. Er ist noch immer ein gutmütiger, freundlicher Vater.

Seit seiner Weltreise fühlt sich Charles häufig krank. Sein Gesundheitszustand verschlechtert sich in den letzten Jahren immer mehr. Häufige Fieberanfälle schwächen ihn. 1881 erleidet er einen Schwächeanfall, von dem er sich nicht mehr erholt. Am 19. April 1882 stirbt Charles Darwin in seinem Haus.

10.1.: Löse das Rätsel!

Aussage	JA	NEIN
Der Forscher Wallace denkt ähnlich über die Entwicklung von Tieren und Pflanzen wie Charles Darwin.	1	2
Charles verheimlicht bei seinem Vortrag die Studien von Wallace.	3	4
1883 entsteht ein bedeutendes Buch: Die Entstehung der Arten.	5	6
Alle Menschen sind von Darwins Theorie begeistert.	7	8
Charles schreibt auch ein Buch über die Entstehung des Menschen.	9	10
Charles verdient viel Geld mit seinen Büchern.	11	12
Charles reist in den letzten Lebensjahren durch die ganze Welt.	13	14
Charles liebt Spaziergänge mit seinem Hund.	15	16
Charles schreibt regelmäßig seinen Kindern.	17	18
Charles stirbt im Alter von 76 Jahren.	19	20

10.2.: Was hat dir an der Geschichte über Charles Darwin besonders gut gefallen?

____

____

10.3.: Schneide die Karten aus! Immer zwei Karten gehören zusammen (wie bei einem Memory). Lege die passenden Karten nebeneinander oder klebe sie auf ein Blatt Papier.

Charles Darwin	Englischer Naturforscher	Pampa	Beuteltier
Beagle	Hütte der Feuerländer	Wigwam	Forschungsschiff
Feuerland	Vermessungsgerät	Kannibale	Kapitän der Beagle
Guanako	Ureinwohner Amerikas	Vulkan	Grasland Südamerikas
Erasmus	Menschenfresser	Finken	Lama
Robert Fitzroy	Inseln im Süden von Südamerika	Känguru	Charles Kusine und Ehefrau
Sextant	Entwicklung der Arten	Emma	Vorname von Charles Bruder
Indianer	Feuerspeiender Berg	Evolution	Vogelart

Lösungen

1.1.   1-4-5-8-10-11-13-16-17-20
1.2.   Charles Darwin, Gas, 12.2.1809, Shrewsbury, England, Internat, Susannah + Robert,
        Arzt, jagen- spazieren gehen - sammeln – experimentieren
1.3.   Marianne (1798), Caroline (1800), Susan (1803), Erasmus (1804) Catherine (1810)
2.1.   1-3-6-7-10-11-14-16-17-19
2.3   beobachten, sammeln, experimentieren, studieren, fragen, lesen, schreiben, ordnen, zeichnen

3.1.   1-4-6-7-9-12-13-16-17-20
4.1.   2-3-6-7-10-11-14-15-18-19
5.1.   1-3-6-8-10-12-13-15-18-20
5.3.   Tiere: Wal, Guanako, Pinguin, Affe, Krokodil, Jaguar, Delfin, Albatros, Rind, Kolibri, Nandu, Puma, Tukan Gürteltier

6.1.   1-4-5-7-9-12-14-15-17-19
6.2.   4) feuern, jagen, fischen, tauchen, anmalen, paddeln
7.1.   2-3-5-7-9-11-14-16-17-20
7.2.   Australien, Bahia, Chile, Ecuador, Feuerland, Galapagos-Inseln, Haiti, Indischer Ozean, Kapverdische Inseln, Montevideo, Patagonien, Rio de Janeiro, Santiago, Uruguay
8.1.   1-3-6-8-9-12-13-16-17-19
8.2.   f-d-b-e-g-i-c-a
9.1.   1-3-6-7-10-11-14-15-17-20
9.2.   Jahren, Dinosaurier, Kontinent, Echsen, Knochen, Fleischfresser, Eier, Arten, König, Umweltbedingungen, Meteorit
10.1.   1-4-5-8-9-11-14-15-17-20